高等职业技术院校汽车类专业

汽车底盘电控技术（第二版）习题册

中国劳动社会保障出版社

简　介

本习题册是高等职业技术院校汽车类专业教材《汽车底盘电控技术（第二版）》的配套用书。习题册内容紧扣教材的教学要求，题型全面，题量充足，有助于学生复习巩固所学知识。

本习题册由何宇漾主编，张劼、高明参加编写。

图书在版编目(CIP)数据

汽车底盘电控技术（第二版）习题册/何宇漾主编．—北京：中国劳动社会保障出版社，2016

ISBN 978－7－5167－2659－4

Ⅰ.①汽…　Ⅱ.①何…　Ⅲ.①汽车-底盘-电气控制系统-高等职业教育-习题集　Ⅳ.①U463.6－44

中国版本图书馆 CIP 数据核字(2016)第 170825 号

中国劳动社会保障出版社出版发行

（北京市惠新东街 1 号　邮政编码：100029）

出 版 人：张梦欣

*

北京昌联印刷有限公司印刷装订　　新华书店经销

787 毫米×1092 毫米　16 开本　3.5 印张　82 千字

2016 年 7 月第 1 版　　2025 年 6 月第 10 次印刷

定价：7.00 元

营销中心电话：400-606-6496

出版社网址：http://www.class.com.cn

http://jg.class.com.cn

目　录

模块一　电控液力自动变速器

课题一　液力变矩器的拆卸、安装及检测

一、填空题

1. 常用的液力变矩器由________、________和________三个基本元件组成。
2. 液力变矩器安装在________________。
3. 一般汽车设定在________挡以上时才会进行锁止控制。
4. 补偿泵提供的补偿压力范围为________________。

二、选择题

1. 有些车型是以车速和发动机负荷为锁止离合器锁定的控制标准，车速一般在（　　）km/h 以上时才允许锁止。

A. 20　　B. 30　　C. 40　　D. 50

2. 当对变速器进行失速试验时，4 缸发动机转速一般为（　　）r/min。

A. 1 000 ~ 1 400　　B. 1 400 ~ 1 800

C. 1 800 ~ 2 200　　D. 2 200 ~ 2 600

3. 如果驱动轴套的端面跳动量大于（　　）mm，必须更换变矩器。

A. 0.15　　B. 0.30　　C. 0.45　　D. 0.60

4. 下列（　　）不是液力变矩器的组成元件。

A. 涡轮　　B. 飞轮　　C. 导轮　　D. 泵轮

三、判断题

1. 汽蚀现象将影响变矩器正常工作，使其效率降低，并伴有噪声。（　　）
2. 如果挠性板的端面跳动量小于 0.20 mm，必须更换挠性板。（　　）
3. 在拆卸更换液力变矩器后，必须更换液力变矩器的油封。（　　）
4. 安装液力变矩器油封时，密封环的开口侧应当指向变速器一侧。（　　）
5. 将液力变矩器侧立，顺时针转动时单向离合器应锁止。（　　）

四、简答题

1. 简述液力变矩器的作用。

2. 简述导轮的作用。

3. 简述单向离合器配合导轮运动，从而实现“增矩”的过程。

4. 根据下列液力变矩器的结构示意图，写出零件的名称。

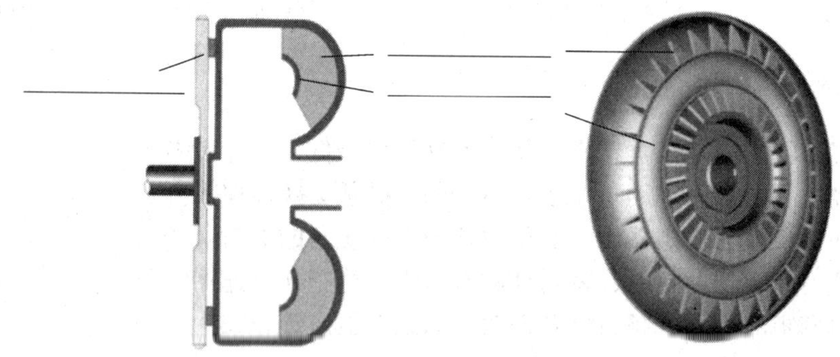

液力变矩器的结构

5. 根据下列自动变速器的结构示意图，完成下题。

（1）在图中写出各部件的名称。

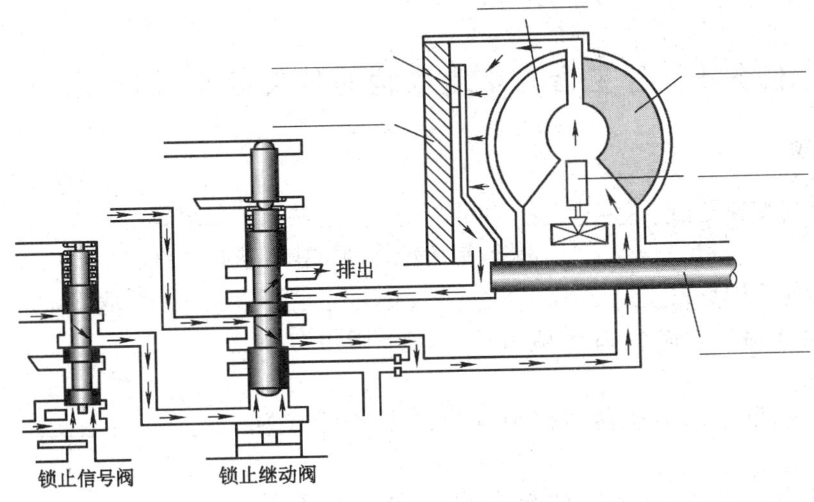

自动变速器的结构

（2）简述锁止离合器的作用。

（3）简述锁止离合器的工作条件。

（4）简述单体导轮中的锁止离合器的检测方法。

课题二　自动变速器机械传动部分

任务1　行星齿轮变速机构的传动分析及检修

一、填空题

1. 行星齿轮变速器由__________和__________两大部分组成。
2. __________和__________是行星齿轮传动机构的执行元件。
3. 行星齿轮机构是由_______、_______、_______和_______组成的。
4. 自动变速器中，离合器根据结构形式不同可分为_______________和_______________。
5. 自动变速器中，制动器根据结构形式不同可分为_______________和_______________。
6. 行星齿轮变速器中采用的单向离合器基本上是_______________和____________两种。
7. 带式制动器主要由_______、_______、_______及_______组成。

二、选择题

1. 变矩器的变矩比只能在（　　）之间变动。
   A. 1~3　　B. 3~5　　C. 5~7　　D. 7~9
2. 行星轮与行星架之间的间隙最大不得超过（　　）mm。
   A. 0.01　　B. 0.1　　C. 1.0　　D. 10
3. 自动变速器内离合器的钢片和摩擦片间隙过大，不会引起（　　）。
   A. 离合器打滑　　B. 离合器磨损
   C. 自动变速器液温度过高　　D. 换挡顿挫
4. 下列故障现象不可能是变速器打滑造成的是（　　）。
   A. 踩下加速踏板，发动机转速很快升高，但车速升高缓慢。
   B. 汽车行驶中踩下加速踏板加速时，发动机转速升高，但车速没有相应很快提高。
   C. 汽车行驶中保持加速踏板位置基本不变，但变速器频繁换挡。
   D. 汽车平路行驶基本正常，但上坡无力，且发动机转速异常高。

三、判断题

1. 行星齿轮变速器具有体积小、结构简单、变速比大等优点。（　　）
2. 行星齿轮变速器所有齿轮都是处于常啮合状态的，没有滑移齿轮。（　　）
3. 多片湿式制动器与多片式离合器具有完全不同的结构。（　　）
4. 现代汽车为了得到较好的动力性能和经济性能，要求变速器的挡位较多。（　　）
5. ATF 液面太高会引起变速器打滑，太低则不会。（　　）
6. 若油面调整至正常后自动变速器不再打滑，可不必拆修自动变速器。（　　）

四、简答题

1. 简述多片湿式离合器的优点。

2. 简述单向离合器的检查项目。

3. 为何现代汽车的自动变速器挡位数较多？

4. 简述自动变速器异响的原因。

任务2　大众车系行星齿轮变速器传动分析

一、填空题

1. 从行星齿轮组合方式上看，大众01N自动变速器采用________行星齿轮机构。

2. 大众01N自动变速器由一个________________和一个________________组合而成，两个行星排共用一个________________和一个________________。

二、选择题

1. 大众01N自动变速器有（　　）个前进挡。

A. 3　　B. 4　　C. 5　　D. 6

2. 大众01N自动变速器换挡杆有（　　）个挡位。

A. 5　　B. 6　　C. 7　　D. 8

3. 大众01N自动变速器有（　　）个换挡执行元件。

A. 5　　B. 6　　C. 7　　D. 8

三、判断题

1. 大众01N自动变速器是纯液压系统。（　　）

2. 桑塔纳2000俊杰轿车采用的自动变速器为A341E型。（　　）

3. 大众汽车的新自动变速器油（VWATF）是淡黄色的。（　　）

四、简答题

1. 简述大众01N自动变速器1挡（陡坡挡）的作用。

2. 简述大众01N自动变速器D－1挡的动力传递路线。

3. 简述大众01N 自动变速器 D－3 挡的工作状态。

4. 简述大众01N 自动变速器 D－2 挡的动力传递路线。

5. 简述更换自动变速器油（ATF）的流程。

任务3　丰田车系行星齿轮变速器传动分析

一、填空题

1. 从行星齿轮组合方式上看，丰田 A341E 自动变速器采用________行星齿轮机构。

2. 丰田 A341E 自动变速器第一排行星排称为________，第二排行星排称为________，第三排行星排称为________。

3. 丰田 A341E 自动变速器有________个制动器，________个离合器，________个单向离合器。

二、选择题

1. 丰田 A341E 自动变速器换挡杆有（　　）个挡位。

A. 4　　B. 5　　C. 6　　D. 7

2. 下列（　　）执行元件在 D－1 挡不工作。

A. C_0　　B. C_1　　C. F_0　　D. F_1

3. 下列（　　）执行元件在 D－3 挡不工作。

A. C_1　　B. C_2　　C. F_1　　D. F_0

三、判断题

1. 丰田 A341E 自动变速器前后排的太阳轮独立。（　　）
2. 丰田 A341E 自动变速器前排行星架和后排齿圈都与输出轴相连。（　　）
3. 在 D－3 挡时，B_2 结合，太阳轮固定。（　　）

四、简答题

1. 简述丰田 A341E 自动变速器 D－1 挡的动力传递路线。

2. 简述丰田 A341E 自动变速器 D－2 挡的动力传递路线。

3. 简述 1 挡单向离合器锁止方向的检查方法。

任务4　09G 自动变速器的传动分析

一、填空题

1. 09G 自动变速器有________个前进挡。
2. 09G 自动变速器把一个________和一个________有机地结合在一起。
3. 09G 自动变速器采用________式行星齿轮机构。

二、选择题

1. 09G 自动变速器拥有（　　）个执行元件。
   A. 5　　B. 6　　C. 7　　D. 8
2. 在 D－1 挡时，下列（　　）执行元件参与工作。
   A. K_2　　B. K_3　　C. B_1　　D. F
3. 在 R 挡时，下列（　　）执行元件参与工作。
   A. K_2　　B. K_3　　C. B_1　　D. F

三、判断题

1. 在 D－2 挡时，大太阳轮处于活动状态。（　　）
2. 在 D－6 挡时，只有拉维娜前行星排工作。（　　）
3. 在 D－6 挡时，齿圈带动行星架输出动力。（　　）

四、简答题

简述 ZF－9HP 自动变速器的结构特点。

课题三　电控液力自动变速器的控制系统

任务1　09E 自动变速器电液控制系统分析

一、填空题

1. 在 Mechatronik（机电一体模块）总成中，ECU 通过驱动__________来与车辆外部设备进行信息交换。

2. 压力控制电磁阀 EDS1、EDS3、EDS6 的油压范围为__________，工作电压为__________；20℃时的阻值为__________。

3. 09E 自动变速器进入 2 挡时，________和________工作。

二、选择题

1. 锁止离合器 WK 断开时，下列（　　）执行元件是无关的。
   A. MHV　　B. MDV　　C. MKV　　D. N371

2. 09E 自动变速器进入 1 挡时，下列（　　）电磁阀不通电。
   A. EDS1　　B. EDS2　　C. EDS4　　D. EDS5

3. 09E 自动变速器进入 3 挡时，下列（　　）电磁阀通电。
   A. EDS1　　B. EDS2　　C. EDS3　　D. MV1

三、判断题

1. EDS2 随着电流变大，控制油压也会变大。（　　）

2. 进入 1 挡时，离合器 A 和制动器 D 工作。（　　）

3. 进入倒挡时，制动器 A 和离合器 B 工作。（　　）

四、简答题

1. 简述锁止离合器 MK 调节与接合时的油液流动路线与作用。

2. 简述电控自动变速器的控制主线。

任务2　自动变速器电控系统的故障自诊断

一、填空题

1. 自动变速器电控系统一般由________、________________和________三部分组成。

2. 当节气门位置传感器 G69 出现故障时，ECU（J217）以负荷信号________________来进行工作。

3. 脉冲线性电磁阀通过改变电磁阀开启或关闭的________，控制油路中的泄油量。

二、选择题

1. 若部分或全部电子控制系统出现故障，则自动变速器进入紧急状态。在这种状态下，（　　）挡不可以使用。

A. 1　　B. 2　　C. 3　　D. R

2. 当车速传感器出现故障时，用（　　）作为替代信号。

A. 变速器转速信号　　B. 凸轮轴转速信号

C. 发动机转速信号　　D. 轮速信号

3. 强制低速挡开关在节气门（　　）时，应闭合。

A. 关闭　　B. 20～30%开度

C. 50%开度　　D. 全开或超过95%开度

三、判断题

1. 自动变速器电控系统出现故障时，所有挡位均不可用。（　　）

2. 当电控系统某些部件发生故障时，ECU 可以检测故障、记忆故障，但不能处理故障。（　　）

3. 根据工况不同，换挡曲线中可以有任意多的换挡点。（　　）

4. 温度传感器多用正温度系数的热敏电阻制成。（　　）

5. 在控制单元有效机械应急状态下，倒车挡能够挂上，变速杆锁死有效；在控制单元无效机械应急状态下，倒车挡能够挂上，变速杆锁死无效。（　　）

四、简答题

1. 简述节气门位置传感器在自动变速器中的作用。

2．简述变速器转速传感器在自动变速器中的作用。

3．简述车速传感器、发动机转速传感器、变速器转速传感器检测信号的区别。

4．简述开关式电磁阀的工作原理。

5．说明自动变速器控制单元识别代码“4B0927156BT AG501V 2.8L5V RDW 1416”“00001”和“WSC00000”的含义。

任务3　自动变速器液控滑阀箱的拆卸与安装

一、填空题

1. 滑阀箱一旦出现故障能引起的现象主要有____________、____________、____________、____________、____________。

2. 自动变速器的液压系统工作压力通常不超过________。

二、选择题

1. 下列（　　）元件不在滑阀箱中。

A. 油泵　　B. 手动阀　　C. 换挡阀　　D. 调压阀

2. 自动变速器液压泵一般位于（　　）位置。

A. 液力变矩器和行星齿轮系统之间　　B. 油底壳内

C. 曲轴皮带处　　D. 减速器处

3. 下列（　　）泵不是自动变速器液压泵使用的。

A. 摆线转子泵　　B. 内啮合齿轮泵　　C. 叶片泵　　D. 柱塞泵

三、判断题

1. 对滑阀箱螺栓的拧紧力矩没有要求。（　　）

2. 理论上，油泵的泵油量和发动机的转速成正比。（　　）

3. 拆下的滑阀箱不能放到滑阀箱后侧的变速器输入转速传感器上，否则会损坏变速器输入转速传感器。（　　）

四、简答题

1. 简述滑阀箱的常见损坏形式及原因。

2. 简述液压泵的工作原理。

3．简述油底壳的安装流程。

课题四　电控液力自动变速器的基础检查及性能试验

一、填空题

1．自诊断电路将故障以________的形式记录在________中。

2．车主及车辆情况登记的主要内容包括____________、____________、________及____________。

3．出现失速转速过高时，____________与____________故障的可能性较小，故障一般都发生在自动变速器部分，主要是引起________________。

二、选择题

1．如果失速转速低于或者高于标准范围，不可能是下列（　　）原因引起的。

A．发动机工作不良　　B．液力变矩器传递不良

C．换挡执行元件打滑　　D．变速器齿轮损伤

2．下列（　　）不是引起 ATF 温度过高的原因。

A．自动变速器油面过高或过低　　B．离合器和制动器摩擦片打滑

C．油冷却器堵塞，散热不良　　D．单向离合器打滑

三、判断题

1．为了确诊故障原因，需要尽早分解电控自动变速器。（　　）

2．发动机怠速转速低可引起挂挡后车辆抖动、发动机熄火；发动机怠速转速高可引起挂挡后闯车。（　　）

3．拉索太松将导致节气门油压低，导致升挡过迟；反之，将导致升挡过早。（　　）

4．ATF 液面检查需要先热车。（　　）

四、简答题

1．自动变速器的基础检查项目有哪些？

2．简述自动变速器的诊断程序。

3．简述失速试验的内容。

4. 节气门近全开时，汽车仍只有 1 挡或 2 挡，无 3 挡或 4 挡，其主要原因有哪些？

5. 简述 ATF 油面的检查方法及标准。

模块二　电控无级变速器

一、填空题

1. 无级变速器主要的传动部分为________________。

2. 无级变速器前进挡的传动路线为：发动机的动力经过飞轮减振装置→变速器的输入轴→________________→前进离合器→________________→从动链轮（带轮）→前进挡离合器→________________→输出轴。

3. 无级变速器倒挡的传递路线为：变速器输入轴→太阳轮→倒挡制动器（制动行星架）→________→主动链轮（带轮）→从动链轮（带轮）→________________→主减速器→输出轴。

4. 倒挡是由一组单行星轮行星排，________输入，行星架被制动，________输出实现倒挡。

5. PH 控制换挡阀由__________和__________组成。其作用是随________________和____________的变化而变化，电脑控制的主动带轮与从动轮调压电磁阀调整出的控制油压配合调节主油压 PH。

6. 主动带轮压力控制阀由________、________和________组成，由动力系统控制模块（PCM）控制，____________________送入主动带轮压力调节阀的 CR 口后，经电磁阀调压，输出一个随行驶状况变化的 DRC 压力。

二、选择题

1. 在无级变速器上，一般使用（　　）传递两个钢质带轮的动力。

A. 铝带　　B. 防滑带　　C. 钢带　　D. 皮带

2. （　　）用于调节油泵输出的油压。

A. 换挡限止阀　　B. PH 调节阀

C. 离合器减压阀　　D. 起步离合器换挡阀

3. 每次失速试验的时间不得超过（　　），两次试验应间隔（　　）以上。

A. 30 s，5 min　　B. 20 s，2 min　　C. 20 s，10 min　　D. 10 s，2 min

三、判断题

1. 在钢带式无级变速器上，使用钢带传递两个钢质带轮的动力，两个带轮的结构不同。（　　）

2. 钢带传递动力时，两个侧面起传动作用。（　　）

3. 在无级变速器中，起步离合器可以起到液力变矩器的作用。（　　）

4. 起步离合器蓄压阀用于调节油泵输出的油压。（　　）

5. 起步离合器校正的目的是使无级变速器与控制系统相匹配。 ( )

四、简答题

1. 简述无级变速器的工作原理。

2. 简述换挡锁定阀的作用。

3. 简述主动带轮压力控制电磁阀的作用。

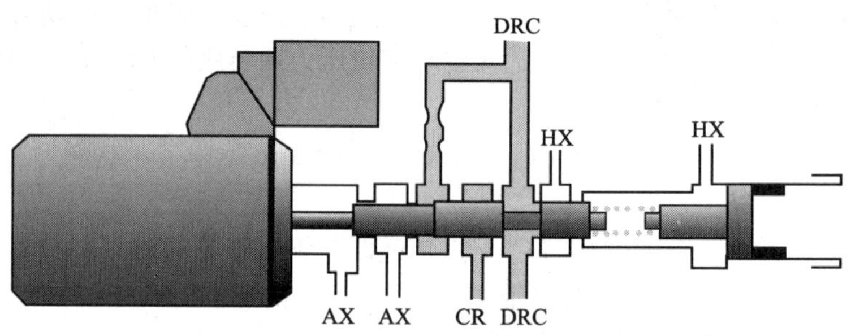

主动带轮压力控制电磁阀

4．简述变速箱失速实验的步骤。

模块三　汽车制动防抱死系统

课题一　典型的防抱死系统的拆卸与安装

一、填空题

1. 对汽车的制动性能有多方面的要求，因而有多方面的评价指标，通常主要从____________、________________、______________________三个方面来进行评价。

2. 汽车的____________是汽车迅速降低车速直至停车的能力，具体可用制动距离和制动减速度来评价，通常实际中多指____________。

3. 汽车________________主要指的是抗热衰退性能。抗热衰退性能是指汽车在高速行驶或在下长坡连续制动时制动效能保持的程度。

4. ________________________是指汽车在制动过程中维持直线行驶或按预定弯道行驶的能力，一般用制动时汽车是否发生________、________、________以及失去转向能力来评定。

5. 如果按照控制时控制依据选择不同，也可将 ABS 的同时控制分为低选控制和________两种。

二、选择题

1. 制动时汽车自动向左或向右偏驶称为（　　）。
   A. 制动侧滑　　B. 制动不良　　C. 制动跑偏　　D. 制动甩尾

2. （　　）是指制动时汽车的某一轴或两轴发生横向移动。
   A. 侧滑　　B. 失去转向能力　　C. 跑偏　　D. 甩尾

三、判断题

1. 装有 ABS 的汽车能有效控制车轮保持在转动状态而不会抱死不转。（　　）
2. 汽车的制动效能主要是指抗热衰退性。（　　）
3. 失去转向能力时，汽车的某一轴或两轴会发生横向移动。（　　）
4. 汽车制动时车速和轮速差别越大，滑移率就越大。（　　）
5. 在同样紧急制动的情况下，ABS 系统可以将滑移率控制在 20% 左右。（　　）

三、简答题

1. 简述汽车防抱死制动系统（ABS）的作用。

2. 简述汽车防抱死制动系统的组成。

3. 简述汽车防抱死制动系统的工作原理。

4．简述汽车防抱死制动系统的工作过程。

课题二　典型防抱死制动系统主要部件的检测

一、填空题

1．在 ABS 中，________用于检测车轮速度，并将速度信号输入电脑。

2．根据工作原理的不同，目前使用的轮速传感器主要分为两种类型：电磁式轮速传感器和____________________。

3．电磁式车轮转速传感器主要由________、________、________和________等组成。

4．电子控制单元简称________，是汽车 ABS 防抱死制动系统的控制中心。当 ABS 系统起作用时，电子控制单元监测并控制制动系统的工作情况，即 ABS 电脑具有对制动系统进行________和________两个方面的功能。

5．目前大多数 ABS 系统的控制采用________________的方法。

6．霍尔式车轮转速传感器主要由永久磁铁、________、________等组成。

二、选择题

1．一般轮速传感器都安装在（　　）。

A．车轮上　　B．发动机舱内　　C．差速器内　　D．车门上

2．电磁式轮速传感器最主要的优点为（　　）。

A．当车速很低时，能正常工作

B．当车轮转速过高时，能正常工作

C．结构简单，成本低

D．电磁式轮速传感器的抗电磁波干扰能力较强

三、判断题

1．在 ABS 中，轮速传感器用于检测车轮速度，并将速度信号输入电脑。轮速传感器都是安装在车轮上。（　　）

2．当齿圈的齿隙与传感器的磁极端部相对时，磁极端部与齿圈之间的空气间隙最大，

传感器永磁性磁极产生的磁感线不容易通过齿圈，感应线圈周围的磁场较弱。（ ）

3. ABS 的电控单元可以通过转速传感器输入的电压脉冲频率进行处理，确定车轮的转速。（ ）

4. 当车速很低时，传感器输出的电压信号若低于 1 V，ABS 正常工作。（ ）

5. 电磁式轮速传感器的抗电磁波干扰能力强，尤其在输出信号幅值较小时。（ ）

四、简答题

1. 简述车轮转速传感器的检测方法和步骤。

2. 简述制动开关信号的检测方法和步骤。

3. 简述电控单元相关电源电压的检测方法。

4. 简述防抱死制动电子控制单元的功用。

课题三 防抱死制动系统的故障诊断及排除

一、填空题

1. 故障灯诊断是通过仪表板上的________________和________________的闪亮规律，进行故障诊断的一种快速简易方法。

2. 通常情况下，在点火开关接通（ON）时，________________应闪亮（周期约 4 s），此时如果制动液不足（液面过低），红色制动灯也会点亮。

3. 蓄能器压力低于规定值、驻车制动未释放时，________________也会点亮；当蓄能器压力、制动液面符合规定且驻车制动完全释放时，红色制动警告灯应该熄灭。

4. 在发动机启动的瞬间，____________和____________一般都应点亮（驻车制动在释放位置）；一旦发动机运转起来后，两个警告灯应先后熄灭。

5. ABS 系统故障代码的读取和清除方法与发动机电子控制系统的方法________同。

二、选择题

1. 一般 ABS 系统中都设有自诊断插座，维修人员可按规定的方法跨接插座中的相应端子或采用其他方法，然后根据 ABS 警告灯、跨接线中的发光二极管（LED）或 ABS ECU 上的发光二极管的闪烁规律，读取故障代码。此方法为（　　）。

A. 跨接自诊断启动电路读取故障代码

B. 借助专用诊断测试仪读取故障代码

C. 利用汽车仪表板上的信息显示系统读取故障代码

D. 用发动机分析仪读取故障代码

2. 按“0”和“（　　）”键选择“查询故障存储器”。

A. 1　　B. 2　　C. 4　　D. 5

3. 按“0”和“（　　）”键选择“清除故障存储器”。

A. 1　　B. 2　　C. 4　　D. 5

三、判断题

1. 车速低于 15 km/h 制动时，ABS 系统没有必要起作用，制动踏板无回弹反应。（　　）

2. ABS 系统工作时，制动踏板有回弹反应，车轮与路面之间无拖印，为正常状态。 （ ）

3. ABS 系统的油压调节电磁阀总成精度较高，有故障时应整体换新，不能检修。 （ ）

4. ABS 灯在行车中偶然点亮不必惊慌，这是属于偶发性的故障，不足为患，只要不是常亮都属正常。 （ ）

5. ABS 的电控单元具有自诊断功能。 （ ）

四、简答题

1. 简述利用故障诊断仪读取 ABS 故障代码的检测条件。

2. 如何对 ABS 系统偶发性故障进行诊断？

3. 当 ABS 系统无故障码时，如何进行检查诊断？试分析原因。

模块四　汽车驱动防滑系统与电子制动力分配

课题一　汽车驱动防滑系统

一、填空题

1. 汽车在路面上行驶时，其驱动力主要取决于两个方面：第一是发动机输出扭矩和功率，第二是________________。

2. 汽车驱动轮防滑转控制系统通常称为________________。由于防滑转系统都是通过调节驱动轮的驱动力（牵引力）来实现的，因此又被称为________________。

3. 汽车驱动轮防滑系统由________________、________________、________________、________________组成。

4. 汽车驱动轮防滑系统的传感器主要是________________和________________。一般轮速传感器与 ABS 系统共用，主要用来完成对车轮转速的检测。

5. ASR 系统的执行器主要是________________和________________。

6. 综合控制包括调节发动机的输出转矩与________________的制动力综合，调节发动机的输出转矩与________________综合两种。

二、选择题

1. 防滑差速器包括机械式和（　　）两种。

A. 齿轮式　　B. 电子式　　C. 机电式　　D. 传感器式

2. 发动机输出转矩的控制方式有（　　）。

A. 调整进气量　　B. 调整点火时间

C. 调节燃油喷油量　　D. 以上全部正确

三、判断题

1. 汽车的驱动防滑系统就是当车轮出现滑转时，通过对滑转侧的车轮施加制动力或控制发动机的输出转矩以抑制车轮的滑转，从而避免汽车牵引力与行驶稳定性的下降。（　　）

2. 汽车防抱死系统都是通过调节驱动轮的驱动力（牵引力）来实现的，因此又被称为汽车牵引力控制系统。（　　）

3. ASR 系统的执行器主要是 ASR 执行器和 ABS 执行器。（　　）

4. 当汽车在好路面上行驶时，具有正常的差速作用；而在差路面上行驶时，差速作用被锁止，从而防止驱动车轮打滑。（　　）

5. 在分离路面上行驶的汽车对高附着路面一侧的打滑驱动车轮施加制动力，可以使在

低附着系数路面一侧的驱动轮提高驱动力。　　　　　　　　　　　　　　　　(　　)

四、简答题

1. 简述汽车驱动防滑系统的定义。

2. 简述驱动防滑系统的基本组成。

3. 简述驱动防滑系统的控制方法。

4. 简述典型 ASR 制动压力调节装置的控制过程。

课题二　汽车电子制动力分配与电子差速锁

一、填空题

1．差速器主要包括两个特性：____________和____________。

2．ABS 制动系统虽能在湿滑路面情况下________________、________________，并避免轮胎因抱死而失去转向能力，但是 ABS 须在踩下刹车至车轮抱死时才发挥作用，而 EBD 则在________即开始运作，可有效辅助 ABS，增大保护范围。

3．EBD 的升压及保压工作过程与 ABS 完全一样，但降压控制有所不同。与 ABS 不同的是：____________________，降压所排放出的制动液暂时存放在低压蓄液器中。

二、选择题

1．在下面（　　）的情况下，后轴不会发生侧滑。

A．后轴只有一个车轮抱死　　B．前轴先于后轴抱死

C．制动时起始车速低于 48 km/h　　D．以上全部正确

2．以下（　　）能在湿滑路面情况下缩短刹车距离、减少轮胎磨损，并避免轮胎因抱死而失去转向能力。

A．ABS 系统　　B．EBD 系统　　C．ASR 系统　　D．ESP 系统

三、判断题

1．差速器包括差速特性和转矩等分特性，转速等分特性会导致汽车高速空转，差速特性会导致汽车不能前进。（　　）

2．前轴侧滑（甩尾）是一种不稳定的、危险的工况。（　　）

3．不能出现只有后轴抱死，或后轴车轮比前轴车轮先抱死的情况，以防止后轴侧滑的发生。（　　）

4．尽量少出现只有前轴车轮抱死或者前后轮都抱死的情况，以维持汽车的转向性能。（　　）

5．同普通车辆相比，带有 EDS 的车辆可以更好地利用地面附着力，从而提高了车辆的通过性。（　　）

四、简答题

1．简述电子制动分配的工作原理。

2. 简述电子差速锁的工作原理。

模块五　汽车电子稳定程序控制系统

一、填空题

1. ESP 是一套________，通过对从各传感器传来的车辆行驶状态信息进行分析，进而向 ABS、EDS、ASR 发出纠偏指令，来帮助车辆维持动态平衡。

2. ________，会产生向理想轨迹曲线外侧的偏离倾向；而________则正好相反，向内侧偏离。

3. ESP（Electronic Stability Program）即____________，是汽车电控的一个标志性发明。电子稳定程序控制系统（ESP）的特点是：____、____。

4. 电子稳定程序控制系统中的传感器有：________________、________________、________________、________________、________________。

二、选择题

1. 下面（　　）传感器是安装在转向柱上，转向开关与转向盘之间，与安全气囊时钟弹簧集为一体。

A. 转向盘转角　　B. 纵向加速度

C. 侧向加速度　　D. 横摆角速度

2. 下面（　　）传感器是安装在转向柱下方偏右侧，与横摆角速度传感器连为一体。

A. 转向盘转角　　B. 纵向加速度

C. 侧向加速度

3. 下面（　　）传感器是安装在转向柱下方偏右侧，与侧向加速度传感器 G200 连为一体。

A. 转向盘转角　　B. 纵向加速度

C. 横摆角速度

三、判断题

1. 装备有 ESP 系统的汽车将同时具有 ABS、EDL、TCS（ASR）的功能。（　　）

2. 转向不足，会产生向理想轨迹曲线内侧的偏离倾向。（　　）

3. 侧向加速度传感器向带有 EDL/TCS/ESP 的 ABS 控制单元传递转向盘转角信号。（　　）

4. 在检测典型电子稳定程序控制系统时，检查之前，需要断开点火开关及耗电装置。（　　）

5. 更换了转向盘转角传感器及控制单元后，不需要重新进行标定工作。（　　）

四、简答题

1．ESP 系统中包含哪些项目？

2．电子稳定程序控制系统中主要用了哪些传感器？各自的作用是什么？

3．简述制动压力传感器的工作原理。

4. 简述电子稳定程序 ESP 起动检测的具体方法。

五、分析题

1. 如下图所示，说明汽车发生不足转向时的控制策略。

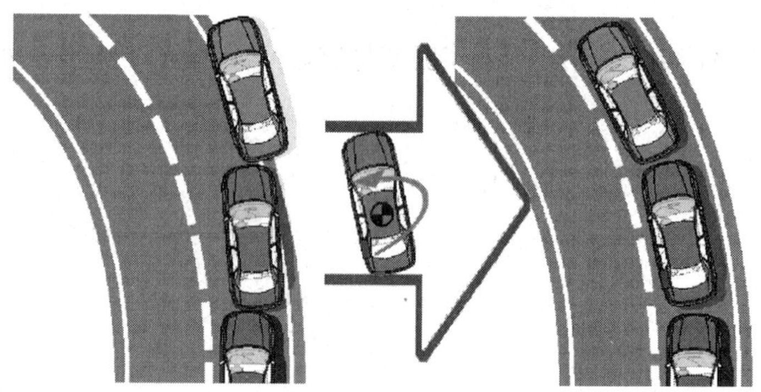

汽车发生不足转向

2. 如下图所示，说明汽车发生过度转向时的控制策略。

汽车发生过度转向

模块六　电控空气悬架系统

一、填空题

1. 汽车悬架的主要功能有________________来自车轮的振动，传递________________。

2. 电子控制悬架系统能根据路况和行驶条件主动调节________或减振器阻尼系数，提高________和操纵稳定性。

3. 电子控制悬架系统的车高调节：保持车高一定和车身水平——________________；车身升高——坏路面，防止车桥碰撞路面；车身降低——____________、____________，提高操纵稳定性。

4. 电子控制悬架系统减振器阻尼力控制：防止急起步或急加速时车尾下蹲、______________________________________、______________________________________、____________________________等。

5. 控制单元安装于________________，用于处理其他总线部件的相关信息和独立的输入信号，处理生成________以控制压缩机、电磁阀和减振器。

6. 车身加速度传感器的传感元件由________和________组成。中间硅片制成弹性定位的簧片。

二、选择题

1. 奥迪 A8 的电控空气悬架系统采用（　　）个加速度传感器测量车身的加速度。

A. 1　　B. 2　　C. 3　　D. 4

2. 以下（　　）部件被封装在一个铝制的圆筒内，为了防止灰尘进入圆筒与空气弹簧伸缩囊之间，用一个密封圈密封活塞与气缸之间的区域。

A. 控制单元　　B. 空气弹簧

C. 加速度传感器　　D. 减振器

三、判断题

1. 电子控制悬架被称为被动悬架系统或半主动悬架系统。（　　）

2. 电子控制悬架车高调节控制能够防止急起步或急加速时车尾下蹲。（　　）

3. 车身高度传感器又称车身水平传感器，共有 4 个，这 4 个车身高度传感器的结构不同。（　　）

4. 电子控制悬架系统的控制单元通过转向角传感器和横向加速度传感器信号来监视车身的侧倾情况。（　　）

5. 当节气门位置传感器信号表示驾驶员快速踩下加速踏板加速行驶时，ECU 将使前空气弹簧放气，并增加后空气弹簧的气压使其刚度增大。（　　）

四、简答题

1. 简述被动悬架系统的主要功能。

2. 简述电控悬架系统的主要功能。

3. 简述电控空气悬架系统的组成。

4. 简述电控空气悬架系统的工作原理。

5. 简述车身高度传感器 G77 的检测方法。

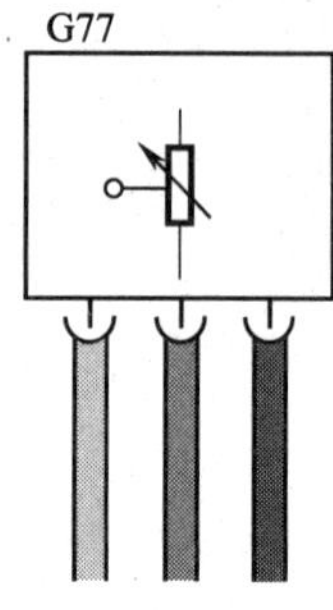

6. 电控悬架系统的控制功能有哪些?

模块七　电控动力转向系统

一、填空题

1. ________是协助驾驶员做汽车方向调整，为驾驶员减轻打转向盘的用力强度。

2. 当遇到巨大的单边冲击或爆胎时，转向轮会猛然向一方偏转，因动力转向系统具有“____”的特点，它会反向接通动力缸，阻止车轮偏转，从而提高了汽车行驶的安全性。

3. 转向电动机 V187 是一个__________电动机。

4. 电控电动式转向系统是利用________作为动力源，电子控制单元根据各传感器提供的信号，控制________的大小和方向。

二、选择题

1. 下面（　　）传感器安装在转向柱上，在转向开关与转向盘之间，与安全气囊时钟弹簧集成为一体。

A. 转向力矩　　B. 转角　　C. 曲轴位置　　D. 车速

2. 下面（　　）传感器的作用是测量转向盘与转向器之间的相对转矩。

A. 转向力矩　　B. 转角　　C. 曲轴位置　　D. 车速

三、判断题

1. 动力转向系统可根据车速的高低和行驶条件的变化，提供合适的转向助力，它不仅使操纵省力，还提高了汽车行驶的安全性、操纵性和稳定性。（　　）

2. 电控液压式动力转向系统一般由液压泵、油管、压力流量控制阀体、V 形传动带、储油罐等部件构成。（　　）

3. 动力转向系统是在驾驶员的控制下，借助于汽车发动机产生的液体压力或电动机驱动力来实现车轮转向的，降低了驾驶员的劳动强度。（　　）

4. 机械式液压动力转向系统由储油罐、助力转向控制单元、电动泵、转向机、助力转向传感器等组成。（　　）

5. 如果转向力矩传感器信号失效，转向助力系统将马上关闭。（　　）

四、简答题

1. 简述动力转向系统的定义。

2．简要说明动力转向系统的优点。

3．动力转向系统有哪几种类型？

4．简述电控电动式动力转向系统的组成。

5. 转角传感器电路接线如下图所示，简述转角传感器的检测方法。

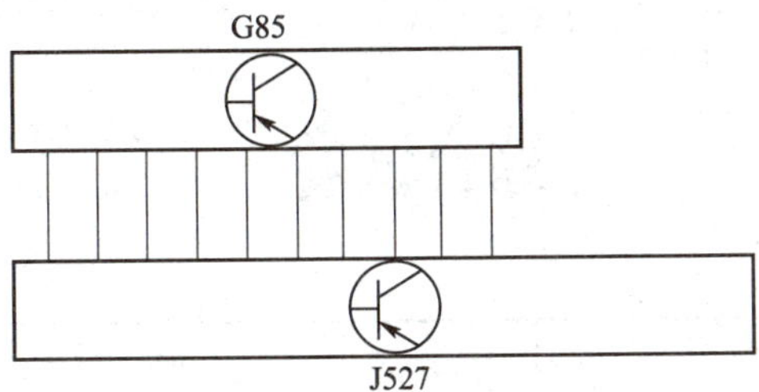

转角传感器 G85 电路接线图

6. 转向力矩传感器电路接线如下图所示，简述转向力矩传感器的检测方法。

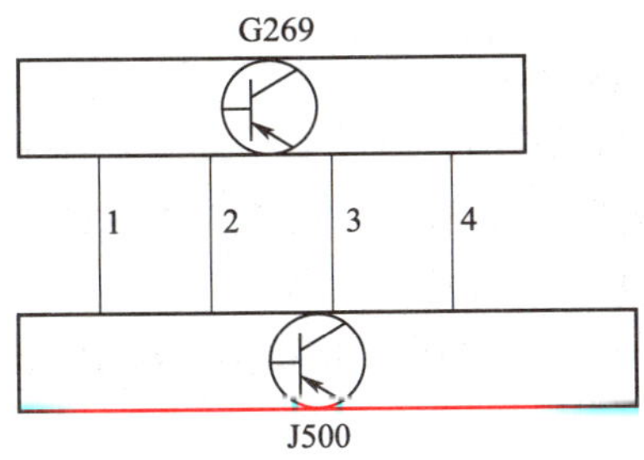

转向力矩传感器 G269 电路接线图

综合试卷一

题号	一	二	三	四	五	总分
得分						
阅卷人						

一、填空题（每空 1 分，共 25 分）

1. 常用的液力变矩器由________、________和导轮三个基本元件组成。

2. 一般汽车设定在________挡以上时才会进行锁止控制。

3. 行星齿轮变速器由____________和____________两大部分组成。

4. 自动变速器中，离合器根据结构形式不同可分为________________和________________。

5. 行星齿轮变速器中采用的单向离合器基本上是________________和________________两种。

6. 无级变速器主要的传动部分为____________________。

7. 前进挡的传动路线：发动机的动力经过飞轮减振装置→变速器的输入轴→________→前进离合器→________→从动链轮（带轮）→前进挡离合器→________→输出轴。

8. 主动带轮压力控制阀由____________和____________组成，由动力系统控制模块（PCM）控制，送入主动带轮压力调节阀的 CR 口后，经电磁阀调压，输出一个随行驶状况变化的 DRC 压力。

9. 对汽车的制动性能有多方面的要求，因而有多方面的评价指标，通常主要从____________、____________、________________________三个方面来进行评价。

10. 汽车的制动效能是指汽车迅速降低车速直至停车的能力，具体可用制动距离和制动减速度来评价，通常实际中多指________。

11. 在 ABS 中，________用于检测车轮速度，并将速度信号输入电脑。

12. 根据工作原理的不同，目前使用的轮速传感器主要分为两种类型：电磁式轮速传感器和____________________。

13. 故障灯诊断是通过仪表板上的________________和________________的闪亮规律，进行故障诊断的一种快速简易方法。

14. 通常情况下，在点火开关接通（ON）时，________应闪亮（周期约 4 s），此时如果制动液不足（液面过低），红色制动灯也会点亮。

15. 汽车在路面上行驶时，其驱动力主要取决于两个方面：第一是发动机输出扭矩和功率，第二是____________。

二、选择题（每题1分，共10分）

1. 有些车型是以车速和发动机负荷为锁止离合器锁定的控制标准，车速一般在（　　）km/h以上时才允许锁止。

A. 20　　B. 30　　C. 40　　D. 50

2. 当对变速器进行失速试验时，4缸发动机转速一般为（　　）r/min。

A. 1 000 ~1 400　　B. 1 400 ~1 800

C. 1 800 ~2 200　　D. 2 200 ~2 600

3. 变矩器的变矩比只能在（　　）之间变动。

A. 1 ~3　　B. 3 ~5　　C. 5 ~7　　D. 7 ~9

4. 行星轮与行星架之间的间隙最大不得超过（　　）mm。

A. 0.01　　B. 0.1　　C. 1.0　　D. 10

5. 下列故障现象中不可能是变速器打滑造成的是（　　）。

A. 踩下加速踏板，发动机转速很快升高，但车速升高缓慢

B. 汽车行驶中踩下加速踏板加速时，发动机转速升高，但车速没有相应很快提高

C. 汽车行驶中保持加速踏板位置基本不变，但变速器频繁换挡

D. 汽车平路行驶基本正常，但上坡无力，且发动机转速异常高

6. 在无级变速器上，一般使用（　　）传递两个钢质带轮的动力。

A. 铝带　　B. 防滑带　　C. 钢带　　D. 皮带

7. 每次失速试验的时间不得超过（　　），两次试验应间隔（　　）以上。

A. 30 s，5 min　　B. 20 s，2 min　　C. 20 s，10 min　　D. 10 s，2 min

8. 制动时汽车自动向左或向右偏驶称为（　　）。

A. 制动侧滑　　B. 制动不良　　C. 制动跑偏　　D. 制动甩尾

9. 根据工作原理的不同，目前使用的轮速传感器主要分为两种类型：电磁式轮速传感器和（　　）轮速传感器。

A. 位置　　B. 霍尔式　　C. 光电式　　D. 压力

10. 按“0”和“（　　）”键选择“清除故障存储器”。

A. 1　　B. 2　　C. 4　　D. 5

三、判断题（每题1分，共15分）

1. 在拆卸更换液力变矩器后，必须更换液力变矩器的油封。（　　）

2. 安装液力变矩器油封时，密封环的开口侧应当指向变速器一侧。（　　）

3. 行星齿轮变速器具有体积小、结构简单、变速比大等优点。（　　）

4. 多片湿式制动器与多片式离合器具有完全不同的结构。（　　）

5. ATF液面太高会引起变速器打滑，太低则不会。（　　）

6. 在钢带式无级变速器上，使用钢带传递两个钢质带轮的动力，两个带轮的结构不同。（　　）

7. 用钢带传递动力时，两个侧面起传动作用。（　　）

8. 装有ABS的汽车能有效控制车轮保持在转动状态而不会抱死不转。（　　）

9．汽车的制动效能主要指的是抗热衰退性。 （ ）

10．在 ABS 中，轮速传感器用于检测车轮速度，并将速度信号输入电脑。轮速传感器都是安装在车轮上。 （ ）

11．当齿圈的齿隙与传感器的磁极端部相对时，磁极端部与齿圈之间的空气间隙最大，传感器永磁性磁极产生的磁感线不容易通过齿圈，感应线圈周围的磁场较弱。 （ ）

12．车速低于 15 km/h 制动时，ABS 系统没有必要起作用，制动踏板无回弹反应。 （ ）

13．ABS 系统工作时，制动踏板有回弹反应，车轮与路面之间无拖印，为正常状态。 （ ）

14．转向不足，会产生向理想轨迹曲线内侧的偏离倾向。 （ ）

15．电子控制悬架被称为被动悬架系统或半主动悬架系统。 （ ）

四、简答题（每题 5 分，共 40 分）

1．简述液力变矩器的作用。

2．简述多片湿式离合器的优点。

3．简述大众 01N 自动变速器 D－1 挡的动力传递路线。

4. 简述换挡锁定阀的作用。

5. 简述主动带轮压力控制电磁阀（见下图）的作用。

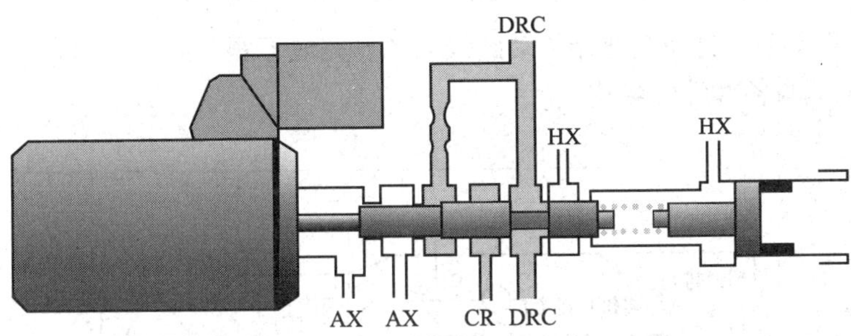

6. 简述汽车防抱死制动系统的工作原理。

7．下图所示为单排行星轮机构，写出各组成部分的名称。

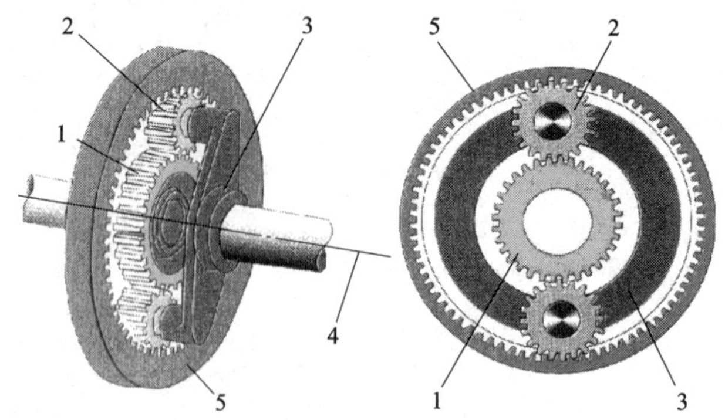

单排行星轮机构

1—________ 2—________ 3—________

4—________ 5—________

8．根据丰田 A341E 自动变速器传动路线简图，完成下题。

（1）在图上填写各部件的名称。

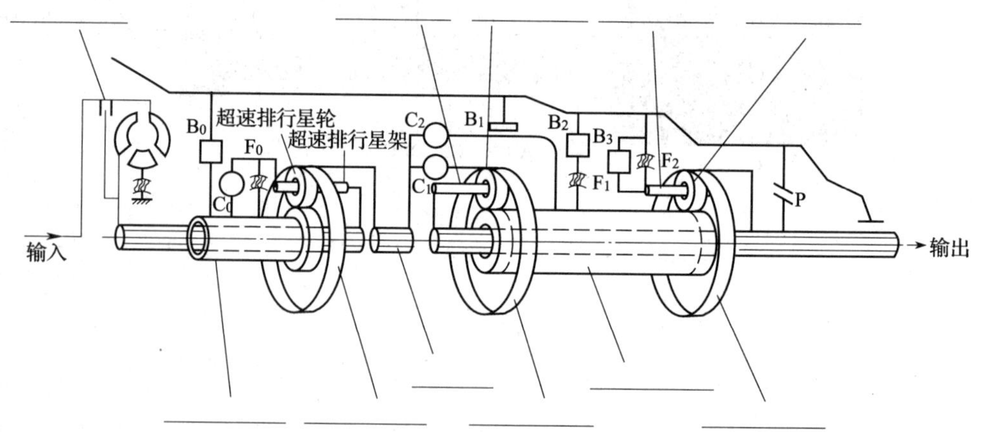

丰田 A341E 自动变速器传动路线简图

（2）简述丰田 A341E 自动变速器的倒车挡的传动路线。

五、分析题（10 分）

如下图所示，说明汽车发生不足转向时的控制策略。

综合试卷二

题号	一	二	三	四	五	总分
得分						
阅卷人						

一、填空题（每空 1 分，共 25 分）

1. 液力变矩器安装在____________________。

2. ________和________是行星齿轮传动机构的执行元件。

3. 行星齿轮机构由________、________、________和________组成。

4. 倒挡是一组单行星轮行星排，________输入，行星架被制动，________输出实现倒挡。

5. PH 控制换挡阀由________和________组成。其作用是随________________________变化，电脑控制的主动带轮与从动轮调压电磁阀调整出的控制油压配合调节主油压 PH。

6. 汽车________________主要指的是抗热衰退性能。抗热衰退性能是指汽车在高速行驶或在下长坡连续制动时制动效能保持的程度。

7. ____________________________是指汽车在制动过程中维持直线行驶或按预定弯道行驶的能力，一般用制动时汽车是否发生________、________、________以及失去转向能力来评定。

8. 霍尔式车轮转速传感器主要由________、________、________等组成。

9. 电子控制单元简称________，是汽车 ABS 防抱死制动系统的控制中心。当 ABS 系统起作用时，电子控制单元监测并控制制动系统的工作情况，即 ABS 电脑具有对制动系统进行________和________两个方面的功能。

10. 蓄能器压力低于规定值、驻车制动未释放时，____________________也会点亮；当蓄能器压力、制动液面符合规定且驻车制动完全释放时，红色制动警告灯应该熄灭。

11. 在发动机启动的瞬间，____________________________一般都应点亮（驻车制动在释放位置）；一旦发动机运转起来后，两个警告灯应先后熄灭。

二、选择题（每题 1 分，共 10 分）

1. 如果驱动轴套的端面跳动量大于（　　）mm，必须更换变矩器。

A. 0.15　　B. 0.30　　C. 0.45　　D. 0.60

2. 下列（　　）不是液力变矩器的组成元件。

A. 涡轮　　B. 飞轮　　C. 导轮　　D. 泵轮

3. 自动变速器内离合器的钢片和摩擦片间隙过大，不会引起（　　）。

A. 离合器打滑　　B. 离合器磨损

C. 自动变速器液温度过高　　D. 换挡顿挫

4. 大众 01N 型自动变速器有（　　）个前进挡。

A. 3　　B. 4　　C. 5　　D. 6

5.（　　）用于调节油泵输出的油压。

A. 换挡限止阀　　B. PH 调节阀

C. 离合器减压阀　　D. 起步离合器换挡阀

6.（　　）是指制动时汽车的某一轴或两轴发生横向移动。

A. 侧滑　　B. 失去转向能力　　C. 跑偏　　D. 甩尾

7. 电磁式轮速传感器主要由永磁体、极轴、（　　）和齿圈等组成。

A. 霍尔元件　　B. 磁极　　C. 铁芯　　D. 感应线圈

8. 电磁式轮速传感器最主要的优点为（　　）。

A. 当车速很低时，能正常工作

B. 当车轮转速过高时，能正常工作

C. 结构简单，成本低

D. 抗电磁波干扰能力较强

9. 一般 ABS 系统中都设有自诊断插座，维修人员可按规定的方法跨接插座中的相应端子或采用其他方法，然后根据 ABS 警告灯、跨接线中的发光二极管（LED）或 ABS ECU 上的发光二极管的闪烁规律，读取故障代码。此方法为（　　）。

A. 跨接自诊断启动电路读取故障代码

B. 借助专用诊断测试仪读取故障代码

C. 利用汽车仪表板上的信息显示系统读取故障代码

D. 发动机分析仪读取故障代码

10. 按“0”和“（　　）”键选择“查询故障存储器”。

A. 1　　B. 2　　C. 4　　D. 5

三、判断题（每题 1 分，共 15 分）

1. 汽蚀现象将影响变矩器正常工作，使其效率降低，并伴有噪声。（　　）

2. 如果挠性板的端面跳动量小于 0.20 mm，必须更换挠性板。（　　）

3. 行星齿轮变速器所有齿轮都是处于常啮合状态的，没有滑移齿轮。（　　）

4. 多片湿式制动器与多片式离合器具有完全不同的结构。（　　）

5. 在无级变速器中，起步离合器可以起到液力变矩器的作用。（　　）

6. 起步离合器蓄压阀用于调节油泵输出的油压。（　　）

7. 失去转向能力时，汽车的某一轴或两轴发生横向移动。（　　）

8. 汽车制动时车速和轮速差别越大，滑移率就越大。（　　）

9. ABS 的电控单元可以通过转速传感器输入的电压脉冲频率进行处理，确定车轮的转速。（　　）

10. 当车速很低时，传感器输出的电压信号若低于 1 V，ABS 正常工作。（　　）

11．ABS 系统的油压调节电磁阀总成精度较高，有故障时应整体换新，不能检修。（　）

12．ABS 灯在行车中偶然点亮不必惊慌，这是属于偶发性的故障，不足为患，只要不是常亮都属正常。（　）

13．汽车防抱死系统都是通过调节驱动轮的驱动力（牵引力）来实现的，因此，又被称为汽车牵引力控制系统。（　）

14．ASR 系统的执行器主要是 ASR 执行器和 ABS 执行器。（　）

15．不能出现只有后轴抱死，或后轴车轮比前轴车轮先抱死的情况，以防止后轴侧滑的发生。（　）

四、简答题（每题 5 分，共 40 分）

1．简述单向离合器配合导轮运动，从而实现“增矩”的过程。

2．为何现代汽车自动变速器挡位数较多？

3．简述丰田 A341E 自动变速器 D－2 挡的动力传递路线。

4. 简述变速箱失速实验的步骤。

5. 简述汽车防抱死制动系统的组成。

6. 简述制动开关信号的检测方法和步骤。

7. 下图所示是 ABS 控制器液压单元总成分解图，填写各部件的名称。

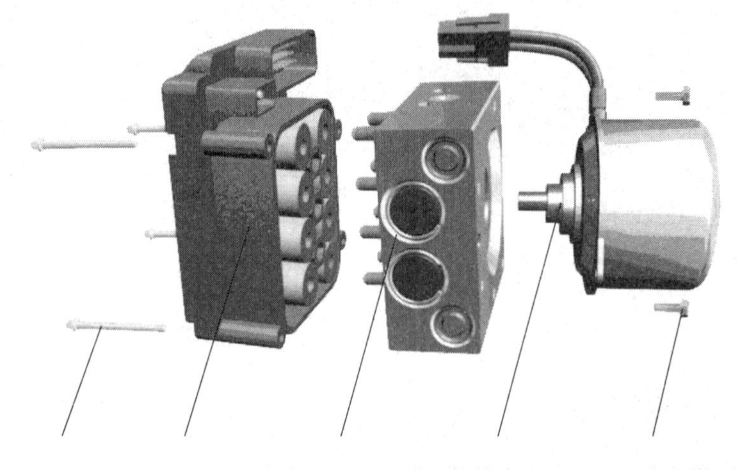

液压单元总成分解图

8. 根据大众速腾电控动力转向系统的组成示意图，完成下题。

（1）在图上填写各部件的名称。

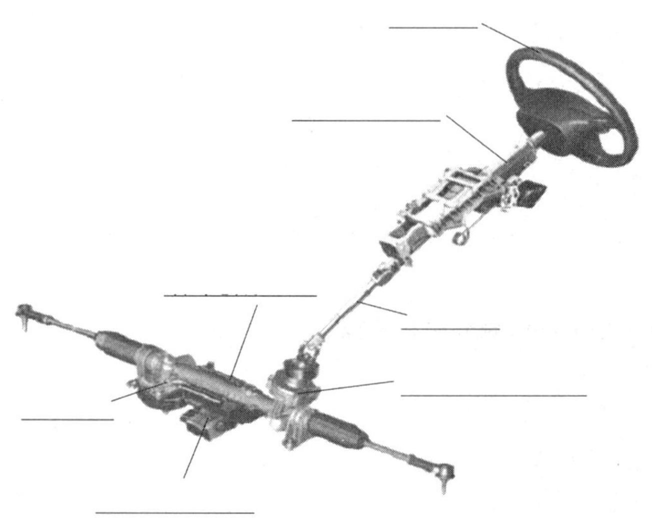

大众速腾电控动力转向系统的组成

（2）简述转角传感器 G85 的组成及工作原理。

五、分析题（共 10 分）

如下图所示，说明汽车发生过度转向时的控制策略。